# UN MOT

SUR

# LE SUFFRAGE UNIVERSEL

PARIS
IMPRIMERIE BALITOUT, QUESTROY ET Cᵉ
7, rue Baillif, 7.

# UN MOT

SUR LE

# SUFFRAGE UNIVERSEL

PAR

**M. HENRI NADAL**

PARIS

C. DILLET, LIBRAIRE-ÉDITEUR

15, RUE DE SÈVRES, 15

1875

# UN MOT

SUR

# LE SUFFRAGE UNIVERSEL

« Les plus habiles et les plus expérimentés dans les affaires, tombent dans des erreurs capitales, et cette prudence présomptueuse qui se croyait infaillible, se trouve bientôt accablée de ce qu'elle a fait. »

MGR DUPANLOUP.

Nous jouissions jusqu'à présent d'un nombre fort respectable de députés-souverains. Nous allons avoir encore par surcroît des sénateurs électifs. J'ignore si l'abondance de bien ne nuira pas ; mais ce que je sais, c'est qu'il sera malaisé de dire désormais que le suffrage universel est repoussé « du jeu de nos institutions. »

Il y règne en maître au contraire, et cela depuis trop longtemps, et cela encore à un trop haut degré, pour qu'on puisse traiter un sujet si rebattu, sans répéter ce que d'autres ont dit.

Mon but est de condenser en quelques lignes, de grouper simplement quelques imperfections de ce suffrage tant prôné et de démontrer par cet abrégé sommaire que la représentation est loin, très loin d'être chez nous « une institution féconde et heureuse (1), » comme l'a dit quelque part M. Grévy.

(1) *Le Gouvernement nécessaire*, par M. Grévy.

# I

Le peuple est souverain, c'est là la base et le point de départ du suffrage universel, et conséquemment les membres d'une Assemblée nationale constituante sont souverains à leur tour, parce qu'ils sont les délégués du peuple qui est souverain avant tout.

Mais qu'est-ce que ce peuple dont ils sont l'émanation, ou plutôt l'incarnation, du moins en apparence, et dont ils tiennent la souveraineté?

Une agglomération presque entièrement composée :

D'indifférents qui votent pour le premier venu sans conviction, même sans motif appréciable ;

D'indifférents et autres qui se laissent facilement influencer, soit par des propos et des écrits dont la bonne foi est toujours exclue et qui n'ont que le seul mérite de l'exagération systématique, soit par leur position quelquefois délicate vis-à-vis du candidat ou de ses amis, soit en un mot par l'intérêt, sous les mille formes qu'il peut revêtir, en pareille matière ;

D'ignorants qui vont au scrutin, sans connaître le premier mot de leur démarche, et qui se laissent aisément tromper au point de mettre dans l'urne le nom de celui qu'ils ne voudraient jamais y voir, sans cependant savoir au juste pourquoi ;

D'individus qui, sous l'impulsion d'une certaine presse ou de leur propre démoralisation, saisissent, avec peu de recueillement d'ordinaire, l'occasion de faire parade de leurs tendances anti-sociales ;

D'électeurs instruits parfois, mais le plus souvent passionnés, qui laissent derrière eux le bien de tous pour ne s'occuper que du triomphe de leur cause, et parvenir à leur but quel qu'il soit, par tous les moyens; transportant ainsi les plus fougueuses passions sur un terrain qui devrait toujours rester calme, neutre et sacré pour tous.

Voilà pourtant les distributeurs du pouvoir, les juges sans appel, les maîtres absolus des destinées du pays.

Les catégories d'électeurs que je viens d'énumérer démontrent assez clairement, à mon avis, que si le peuple est souverain, ses suffrages ne sont pas parfaits. Ce qui doit étonner tout le monde c'est qu'avec de semblables moyens, nous n'ayons pas eu de plus grands malheurs à déplorer et à subir de plus grandes catastrophes.

Nous ignorons, il est vrai, ce que l'avenir nous destine.

---

# II

Mais si le suffrage universel est imparfait, la représentation n'est pas moins incomplète.

Sans parler ici des représentants indignes (et nous en avons eu), quel est le député qui peut se flatter de représenter ses commettants? En avons-nous eu beaucoup, en avons-nous encore?

Croyez-vous, par exemple, que le député radical puisse avoir la prétention de l'être jamais assez aux yeux de ceux qui l'ont choisi? Croyez-vous que par ses discours et par ses votes, il les représente dans une portion notable?

Non, quoi qu'il puisse faire, autant qu'il s'évertue, ils le trouveront toujours faible, terne, trop conciliant. — Il ne les représente donc pas.

Croyez-vous encore que les votes ou les discours d'un député quelconque soient toujours en parfaite harmonie avec les sentiments et les convictions du plus grand nombre de ses électeurs? Il est trop de divergences d'opinions sur les questions si diversement multiples, soumises à une assemblée délibérante, pour qu'il puisse en être ainsi. Ces députés ne représentent donc pas non plus leurs électeurs.

Au surplus (et ici, pas plus qu'ailleurs, je ne voudrais blesser personne), au surplus, dis-je, que penser de députés républicains, *élus comme tels,* et s'empressant aussitôt nommés, de suivre la fortune d'un César de rencontre? Que dire de députés conservateurs, *élus comme tels,* et se transformant subitement, sans aucune transition, en colonnes de République? Que dire enfin, selon l'expression de la *Gazette de France,* de ces ducs, marquis, comtes et vicomtes votant avec enthousiasme la constitution Wallon?

Est-ce bien pour une pareille besogne que les départements en ont fait leurs mandataires. Représentents-ils leurs électeurs? Évidemment non, et cependant c'est en leur nom qu'ils continuent d'agir. — Je dirai plus : non-seulement ils ne représentent plus leurs commettants, mais par le seul fait de leur volte-face, ils sont devenus les représentants des intérêts et des convictions de ceux qui combattaient leur candidature, aux élections de 1871.

Étrange gâchis!

On le voit, la représentation, issue de la souveraineté du peuple et du suffrage universel est aussi imparfaite que ce suffrage lui-même.

Henri Rochefort (1) la définissait autrefois en deux mots quand il parlait « de ces professions de
» foi et de ces déclarations de principes, dans les-
» quelles on promet au peuple tout ce qu'il aime,
» à charge, une fois l'élection terminée, de lui
» donner tout ce qu'il n'aime pas. »

Serait-il possible, d'ailleurs, de ne donner à la foule que ce qu'elle aime ?

(1) *Les Signes du Temps*, par Henri Rochefort.

---

# III

C'est une arme redoutable et dangereuse que l'arme du suffrage livrée aux mains de la foule; d'autant plus terrible que, à tous les degrés de l'échelle sociale, nous sommes loin de traiter les affaires du pays avec tout le sérieux qu'elles comportent, et avec le respect, le calme et le recueillement dignes d'un si grand et si important sujet.

La chose publique est, de nos jours, l'apanage du caprice et la proie du parti-pris. Chacun lui apporte ses visées d'intérêts, ses idées personnelles, absolues et exclusives, ses passions que rien ne peut soumettre, ses rancunes que rien n'attiédit, ses haines insatiables et ses aspirations inassouvies.

« Comment un grand pays peut-il espérer le » repos, la paix intérieure, la prospérité, l'in- » fluence dans le monde, dans cet état d'éparpil- » lement de ses forces, quand chaque parti veut

» être le pouvoir. Il y a suspendues sur la tête de » la France, cinq révolutions ; de là sa faiblesse, » ses douleurs et ses anxiétés (1). »

Or, qu'est-ce qui excite et envenime ainsi les partis les uns contre les autres, et les encourage sans cesse dans la lutte ? Qu'est-ce qui agite tant de nos jours les bonapartistes, les orléanistes, les républicains, les radicaux ? Qu'est-ce qui fait de notre pays un champ de bataille toujours renouvelé ? C'est le suffrage universel, avec ses appas et son mirage. C'est sur lui seul que chacun de ses partis fonde ses espérances pour conquérir le pouvoir. Car le suffrage universel est la loi du plus fort, qui est la bonne ; c'est le nombre. Qu'importe après cela l'intelligence ? Qu'importe la valeur ? Qu'importe l'honnêteté ? La souveraineté du nombre opprime, étouffe tout, écrase tout et règne seule. « Espèce de droit divin, qui n'a pas de rai- » son à donner ni de compte à rendre (2). »

(1) *Trois Questions soumises à la Nation,* par M. H. de La Rochejacquelein.

(2) *Souvenirs contemporains*, de M. Villemain.

# IV

Nous avons dit le grand nombre d'électeurs qui, appelés au sein d'une assemblée nationale, se garderaient bien de voter comme leurs représentants.

Nous avons encore parlé de ceux qui, trompés dans leurs votes, voient souvent leurs députés, nommés grâce à telle ou telle opinion, arborer le lendemain une autre couleur.

Ajoutons encore les abstentions qui se produisent et qui tendent à devenir de plus en plus nombreuses, ainsi que les erreurs fréquentes au temps de vote (et de ceci, je n'en veux pour preuve que les élections de députés et de conseillers généraux souvent invalidées par les représentants même du peuple).

Terminons enfin cette nomenclature par le chiffre des indifférents et de la minorité battue au scrutin, et tout cela compose une immense, une imposante majorité qui n'est pas du tout représentée.

Et M. Grévy nous dira encore que « la Repré- » sentation est une institution féconde et heu- » reuse. »

En quoi est-elle donc féconde? Pour qui est-elle heureuse?

Pour tout homme de bon sens et de bonne foi, la souveraineté du peuple est une aberration; le suffrage universel, une absurdité; la vraie représentation, un mythe.

Le suffrage universel est une absurdité, et ce qui le prouve, c'est qu'il court sans cesse avec la plus grande désinvolture, d'un extrême à un autre, chez nous surtout, peuple inconstant et frondeur par excellence.

Aujourd'hui, c'est le plébiscite avec ses millions de suffrages; demain ce sont les élections de 1871 et le vote de déchéance.

Le suffrage universel va à la légère, exaltant les uns, abaissant les autres, au gré de son bon plaisir. Sa fantaisie est grande, et il n'est pas de caprice qui ne doive nous étonner de lui.

Et tout le monde se prosterne et l'adore. Rien ne peut plus se faire sans lui. Chaque parti, ou l'invoque comme un suprême sauveur, ou attend tout de lui comme d'une panacée universelle. On rejette Dieu et la souveraineté de droit pour les remplacer par cette divinité et cette souveraineté fantasque et absurde, d'autant plus dangereuse « qu'elle n'a pas de raison à donner, ni de compte » à rendre. »

On viendra encore nous parler du principe de la souveraineté du peuple. O la piperie des mots ! comme disait autrefois Montaigne. Il en est en effet dans notre langue, pour lesquels la démocratie renouvelle les tortures de l'Inquisition, dont elle parle tant et qu'elle connaît si peu.

Étrange principe en vérité qui, de l'aveu même de ses fanatiques partisans, est souvent injuste et absurde dans ses applications et ses inconséquences.

La preuve est dans les récriminations de chaque parti, lorsqu'après la lutte électorale, les votes du peuple ont favorisé ses adversaires, et dans l'empressement que mettent les démocrates à se passer de suffrage universel lorsqu'ils détiennent le pouvoir.

# V

Loin de donner au suffrage universel une si large place dans nos institutions, nous devrions le rejeter de nous comme la cause de nos plus grands malheurs ; ou du moins loin de l'admirer, nous devrions bien plutôt le redouter et le craindre ;

D'abord « parce qu'il est méchant et malfaisant, » et ensuite « pour être aux méchants complaisant. »

Parce qu'il est facilement faussé par les hommes du pouvoir, qui peuvent en faire un auxiliaire docile et puissant pour les besoins de leur cause, même mauvaise. L'histoire de l'empire nous a malheureusement trop bien appris comme il devient alors contre nous un instrument servile et terrible.

Parce que, l'histoire nous l'apprend encore, il peut devenir entre les mains de la Révolution un levier pour tout soulever et tout détruire.

Parce que, l'histoire nous le dit toujours, le suffrage universel n'est qu'un jeu pour le plus grand nombre. On le caresse, on lui sourit, on le flatte un instant, on s'en sert, on en fait un piédestal pour se hausser et parvenir ainsi à toutes sortes de fins.

Parce que, enfin, c'est un appel constant aux rancunes, à la haine, aux passions, et par cela même un perpétuel sujet d'affaiblissement, de troubles et de désordres.

Alors que les différentes classes de la société devraient être unies et s'entre aider mutuellement, alors que les partis devraient se faire de réciproques concessions pour le plus grand bien du pays, le suffrage universel les tient sans cesse armés les uns contre les autres et les envenime toujours de plus en plus.

« Le vice le plus redoutable, dit M. Le Play, » parce qu'il est le précurseur habituel de la ruine » des empires, est l'antagonisme qui divise notre » société en plusieurs camps ennemis. Le second » vice dont nous souffrons est l'instabilité des » hommes et des choses, symptôme encore plus » apparent de la maladie des nations. Personne » n'ignore les désordres que ce mal déchaîne, de » loin en loin, dans la vie politique (1). »

(1) *La Réforme sociale en France*, tome Ier.

D'où nous viennent ces deux vices, toujours grandissants ? Du suffrage universel, sujet de bouleversements et de divisions.

Avec lui a commencé, pour la France, l'ère des révolutions soudaines et des rivalités ardentes de caste et de parti. Il a soufflé la haine et la discorde partout, et partout aussi il a détruit ce qui lui a déplu ; il a même renversé ce qu'il avait édifié de ses propres mains. Il le fera encore. Grâce à lui, nous roulerons désormais de dictature en révolution et de révolution en dictature.

Berryer, « l'homme le plus complétement Français de tous les Français, » disait à la tribune, en 1851 :

« Malheur aux nations dont l'existence a tour
» à tour pour base la mobilité des passions popu-
» laires ou l'autorité du génie d'un homme qui
» conduit à d'éclatantes victoires, mais aussi à
» d'affreux revers, à un anéantissement complet. »

« Dans leur attitude devant l'autorité, écrit en-
» core M. Le Play, les Français ne connaissent
» pour ainsi dire plus de milieu entre la soumis-
» sion passive et la révolte ; ils ont rejeté les an-
» ciennes habitudes de respect et d'indépendance
» dont s'honorent plus que jamais leurs rivaux...
» C'est en vain, ajoute-t-il, qu'ils cherchent à
» fonder, sur les ruines du passé, un régime qui
» rallie tous les hommes de bien. Chaque consti-

» tution nouvelle soulève invariablement les mê-
» mes haines et les mêmes attaques, et tous ces
» efforts ont abouti à changer violemment, onze
» fois depuis trois quarts de siècle, le principe de
» la constitution ou le personnel du gouvernement.
» Cet antagonisme et cette instabilité désorga-
» nisent sans relâche les existences privées et les
» pouvoirs publics (1). »

Antagonisme, instabilité, désorganisation, et fatalement ruine : Ce sont bien là les effets dissolvants du suffrage universel. Lorsqu'après tant d'angoisses, le pays réclame de tous un peu d'abnégation, de tranquillité et de repos, quand, après de si grands malheurs, la France demande le calme pour reconquérir sa prospérité perdue, le suffrage universel est toujours debout, soufflant la discorde et méditant de nouveaux désastres.

Où s'arrêteront ces déchaînements ? Nul ne le sait.

(1) *La Réforme sociale en France,* tome Ier.

# VI

Un publiciste contemporain a écrit : « Au vieux » peuple démoralisé, corrompu par d'ignobles doc- » trines, serrez la bride — et serrez-la ferme (1) ! »

Elle est grande, la foule de systèmes qu'on a mis au jour à ce sujet, et chacun a entendu à sa façon la manière « de serrer la bride. »

Tous ont également fait fausse route.

Que font en effet, le scrutin de liste ou le scrutin par arrondissement ? Qu'importe le vote au premier ou au second degré ? Ce sont toujours au fond les mêmes électeurs et les mêmes élus.

On parle encore (et que n'a-t-on pas dit !) de l'instruction des masses et de l'éducation populaire : « Moraliser le vote en l'éclairant, » selon l'expression consacrée.

Mais il faudrait considérer avant tout, s'il est

(1) *Le Flambeau*, par M. Eugène de Mirecourt.

possible, d'instruire tout le monde dans le vrai sens du mot. Je n'entends pas seulement par là apprendre à lire ou à écrire, mais instruire réellement.

Il faudrait savoir, de plus, si en donnant au peuple cette éducation que la démocratie vante et réclame avec tant d'acharnement, on pourrait l'appliquer égalementt à tous ; et, grâce à elle, tout à lafois remédier aux abstentions, c'est-à-dire contraindre tout le monde à voter, donner des convictions aux indifférents ou aux timides, éloigner du scrutin toute idée de crainte ou d'intérêt, moraliser les hommes de désordre au point d'en faire des agneaux, anéantir chez nous l'esprit de parti ; et faire taire les passions violentes quelles qu'elles soient.

Voilà bien de la besogne et dont il ne sera pas aisé de venir à bout.

L'Empire la simplifiait par l'intimidation, et M. Gambetta, au pouvoir, la renvoyait aux calendes grecques.

A tel point il est vrai qu'on n'est jamais trahi que par les *siens*.

Le mépris et l'effroi qu'éprouvent pour le suffrage universel ceux qui l'ont le plus adulé, avant d'être au pouvoir, et qui veulent tout tenir de lui seul, n'est pas la moindre preuve de la puérilité et de la démoralisation des votes du peuple souverain.

Les gouvernements, en effet, qui l'ont méprisé et redouté, comme celui du second Empire, prouvaient bien par là qu'ils le considéraient comme un agent de désordres, et les gouvernements qui l'ont craint comme celui de M. Gambetta, montraient aux moins clairvoyants qu'ils considéraient le suffrage universel comme une aberration, et la représentation comme un leurre, puisque les uns l'ont bâillonné, et les autres supprimé d'un trait de plume.

---

# VII

En dépit de tout, et surtout du bon sens, on appelle la souveraineté du peuple et son action par le suffrage universel, l'ère de la liberté.

Mais où donc la trouve-t-on cette liberté?

Est-ce dans le droit au vote?

Ne faudrait-il pas pour que tout citoyen fût moralement libre qu'il se rendît un compte exact du bon ou du mauvais acte qu'il va accomplir? Ne faudrait-il pas qu'il fût capable de faire un choix, en un mot, ne faudrait-il pas qu'on éloignât avec sévérité tous les ignorants du scrutin? — Et lors même qu'il en serait ainsi, ne faudrait-il pas encore que chaque électeur fût exempt de crainte, dégagé de toute vue intéressée, libre de contrainte et de passions? — Les plus minces notions philosophiques nous apprennent tout ceci.

Cette liberté est-elle dans le fonctionnement de la chose publique elle-même?

Pas davantage. — Au lieu d'un souverain, nous en avons plusieurs millions, voilà tout. Au lieu d'un ordre régulier dans les affaires de l'Etat, nous avons la force du nombre, de la foule, « de cette » multitude dont le destin est de se soulever au » vent, de s'éparpiller, de souiller (1) », force aveugle, force redoutable, force brutale entre toutes, cause première et immédiate de tout bouleversement, force d'autant plus brutale « qu'elle n'a pas de raison à donner, ni de compte à rendre.»

On dit encore généralement que tout homme qui vote accomplit son devoir de citoyen.

Où voit-on un devoir pour les indifférents, les intéressés, les ignorants, les hommes de désordre et les électeurs passionnés? C'est entendre le devoir d'une singulière façon. Et cependant, voilà, encore un coup, l'immense majorité du scrutin.

Le devoir est certes bien autre chose, et Dieu sait s'il tient peu de place dans la politique de nos jours ! Il sert à toutes les causes, on s'en fait une armure ; mais il n'est ici qu'un mot vide de sens.

En finissant nous ne pouvons mieux faire que d'appliquer au suffrage universel en général ce que Lamartine disait du scrutin de liste en particulier, quand il écrivait en 1849 : « Une loterie de » noms tirés de l'urne par la main d'un enfant

(1) Louis Veuillot, *Odeurs de Paris.*

» vaudrait mieux, car l'enfant est innocent et im-
» partial, et l'intrigue qui unit la main du peuple
» est perverse et corrompue (1). »

(1) *Le Conseiller du peuple.*

# VIII

On dit parfois que le suffrage universel est un moyen énergique de réfréner les abus.

Les abus qu'on reproche avec tant d'acharnement à la royauté ne sont-ils pas mille fois plus nombreux et plus criants sous toute autre forme de gouvernement ?

Je dédie ces quatre lignes aux préfets de l'Empire, et à tous ceux qui ont vu de près M. Gambetta, non pas en ballon, mais au pouvoir.

---

# IX

Voilà où nous en sommes.

A qui pourrait-on faire accroire que le vote populaire, tel qu'il est compris et pratiqué de nos jours puisse donner de bons fruits? A la cause on peut juger des effets.

Et pourtant nous lui avons donné aujourd'hui un tel ascendant qu'il ne nous laisse plus un instant de repos.

Il nous dit : Marche ! et nous allons toujours, au hasard, dans l'ombre.

Il a tout envahi.

Un jour viendra où se sentant irrésistible, nous entendrons à nos oreilles la question connue : A quelle sauce voulez-vous être mangés?

Et nous aurons beau répondre que nous ne voulons pas être mangés du tout,

Le suffrage universel, mieux qu'un autre, saura bien nous dire que nous sortons de la question.

Et nous serons dévorés à belles dents.

## X

Malgré toutes les perturbations morales et politiques qu'engendre le suffrage universel, je sais bien qu'il est impossible de nous passer complétement de lui. Il faut bien l'admettre, puisqu'on ne peut plus s'en débarrasser.

Mais on lui a trop crié sur tous les tons qu'il était souverain, que lui seul faisait les Empereurs et les Républiques, le vent et la pluie, le froid et le chaud.

Ne pourrait-on pas toutefois donner au peuple une mission moins étendue et aux députés un mandat plus modeste ; en un mot, ne serait-il désormais plus possible de restreindre la puissance des mandants et le pouvoir des mandataires, au lieu de nous livrer à l'infaillibilité contestable des uns et des autres, leur donnant une omnipotence sans limites?

Si l'on n'en vient pas à cette sage mesure, nous

n'aurons plus bientôt qu'une seule grâce à implorer de ce peuple souverain, c'est de vouloir bien intervenir en désignant lui-même les professeurs de nos écoles, les officiers de notre armée, les membres de notre institut et nos évêques.

Il nous reste un suprême espoir :

Avant d'en être réduits à ce dernier degré, nous verrons peut-être, selon l'expression de Mgr Dupanloup, luire « le jour que Dieu connaît et où le » parti le plus juste sera le plus fort. Car « il n'y a » point de sagesse, il n'y a point de prudence, il » n'y a point de conseil, il n'y a point de force » contre le Seigneur (1). »

(1) *Prov.* XXI, 3.

# XI

En attendant cette heure bénie, combattons avec persévérance tous les systèmes du suffrage universel, puérils, insensés, ridicules, odieux, « nés » comme une multitude d'insectes de la décompo- » sition des gouvernements, remplissant l'atmos- » phère où nous vivons (1), » jusqu'à ce qu'on nous le livre réduit à de moindres proportions, à de justes limites; en un mot jusqu'au jour où les votes du peuple serviront de sage contre-poids au pouvoir légitime, et non de base à l'édifice gouvernemental ou de levier pour le détruire.

(1) M. Thiers, *De la Propriété (des Socialistes).*

Paris. — Imp. Balitout, Questroy et Cie, 7, rue Baillif.